PLANO DE NEGÓCIO

O Caminho para o Sucesso

José Roberto Machado

PLANO DE NEGÓCIO

O Caminho para o Sucesso

QUALITYMARK

Direção Editorial	Produção Editorial
SAIDUL RAHMAN MAHOMED editor@qualitymark.com.br	EQUIPE QUALITYMARK

Editoração	Capa
JEAN CARLOS BARBARO	CARLOS ALMEIDA

CIP-Brasil. Catalogação-na-fonte
Sindicato Nacional dos Editores de Livros, RJ

M131p

Machado, José Roberto
Plano de negócio : o caminho para o sucesso / José Roberto Machado. – 1. ed. – Rio de Janeiro : Qualitymark Editora, 2022.
68 p. ; 21 cm.

Inclui bibliografia
ISBN 978-85-414-0411-2

1. Administração de empresas. 2. Empreendedorismo. 3. Planejamento empresarial. I. Título.

22-75973

CDD: 658.4012
CDU: 005.51

Meri Gleici Rodrigues de Souza – Bibliotecária – CRB-7/6439

2022
IMPRESSO NO BRASIL

Qualitymark Editora Ltda.	www.qualitymark.com.br
Rua Carlos Machado, 155 – sl. 207	E-mail: quality@qualitymark.com.br
Polo Cine e Vídeo – Jacarepaguá	Tels.: (21) 3597-9055 / 3597-9056
CEP: 22775-042 – Rio de Janeiro – RJ	Vendas: (21) 3296-7649

SUMÁRIO

Introdução VII

Capítulo 1
Planejamento Estratégico

Cultura Organizacional – Missão/Visão/Valores 1
Matriz SWOT 4
Estabelecendo Metas e Objetivos 6

Capítulo 2
Estratégias de *Marketing*

Analisando o Mercado 9
Segmentação de Mercado 13

Capítulo 3
Planejamento Financeiro

Planejamento Operacional 21
Plano de Investimento Inicial 22
Relatório Gerencial de Resultado 25
Margem de Contribuição 29
Ponto de Equilíbrio das Operações 33
Alavancagem Operacional 35
Indicadores Financeiros 36

Capítulo 4
Implantação do Plano de Negócio

Estudo de Caso 41
Clínica Estética Multilaser 41
Análise de Viabilidade Financeira 44

Conclusão 57

Bibliografia 59

INTRODUÇÃO

Um plano de negócio é a descrição de como o projeto será construído. Trata-se de um planejamento que busca organizar e analisar todos os fatores que envolvem a implantação de um novo negócio, ou a reestruturação de um já existente.

Deve descrever os objetivos do empreendimento e como atingi-los, minimizando riscos, corrigindo falhas e sinalizando todos os passos a serem seguidos.

Para que o nosso negócio tenha sucesso, teremos de obter respostas para algumas perguntas básicas:

O que temos a oferecer?

- Quais motivos farão com que os consumidores adquiram nossos produtos?
- Vamos atender a uma nova necessidade do mercado?
- Vamos melhorar ou modernizar um produto ou serviço já existente?
- Vamos conseguir ter um preço competitivo oferecendo um produto de alta qualidade?

Entender os diferenciais do produto ou serviço que vamos oferecer ao mercado é crucial para o desenvolvimento do nosso planejamento.

Para quem é destinado nosso produto?

- O nosso produto atinge que segmento de mercado?
- O nosso produto é para consumidores de que classe social?
- O nosso produto é destinado a qual faixa etária, jovens, adultos, crianças, idosos?
- Com quem estamos concorrendo?
- Temos facilidade de adquirir os insumos para fabricar nossos produtos conseguindo bons preços e boa qualidade?

Conhecer o mercado no qual vamos atuar é fundamental para o sucesso do empreendimento.

Qual o retorno financeiro esperado?

- O preço que vamos praticar na venda do produto é compatível com as exigências do mercado?
- Os nossos custos estão bem dimensionados e dentro da nossa realidade?
- A receita esperada cobre as despesas e proporciona lucro?
- O investimento inicial será feito com recursos próprios ou de terceiros?

Lembre-se, todo negócio para se manter precisa gerar dinheiro. Portanto, precisamos ficar sempre atentos aos números do negócio.

Depois dessas considerações iniciais, podemos iniciar nosso planejamento, começando por entender conceitos importantes que serão apresentados nos capítulos seguintes.

Capítulo 1

PLANEJAMENTO ESTRATÉGICO

"Planejamento não diz respeito às decisões futuras, mas às implicações futuras nas decisões presentes."
(Peter Drucker)

O planejamento estratégico tem como finalidade estabelecer ações e procedimentos que possam proporcionar ao negócio um desenvolvimento e crescimento de longo prazo com segurança por meio de diretrizes que orientem as tomadas de decisões.

O propósito é reduzir os riscos do projeto, refletir a respeito das formas de potencializar seus pontos fortes e neutralizar ameaças, possibilitar uma visão global do negócio, assim como auxiliar na definição das metas e dos objetivos e no acompanhamento do que foi estabelecido para que esses objetivos sejam efetivamente alcançados.

Para que a empresa inicie seu planejamento estratégico, é necessária a implementação de algumas técnicas e conceitos imprescindíveis para que esse planejamento seja construído em bases sólidas.

Cultura Organizacional – Missão/Visão/ Valores

"A cultura organizacional, ou corporativa, é o conjunto de hábitos e crenças estabelecidos por meio de normas, valores, atitudes e expectativas compartilhadas por todos os membros da organização."
Idalberto Chiavenato

É fundamental que os dirigentes, funcionários e colaboradores conheçam claramente os conceitos de missão, visão e valores da empresa, ou não terão com o que se identificar e pelo que se guiar.

Missão Empresarial

É o primeiro pressuposto para o planejamento. Significa a identidade e a razão para a existência da empresa.

Para que se consiga uma marca forte, a empresa tem de saber exatamente o que faz, de que maneira faz e aonde quer chegar, ou seja, ela tem de definir o que chamamos de missão empresarial.

Todos os colaboradores devem saber claramente qual a missão da empresa e nortear suas atitudes e ações fundamentas nesse conceito.

Para definir com clareza a missão, o empresário precisa responder a algumas perguntas:

Qual é a essência do seu negócio?

Qual a imagem da empresa que você deseja transmitir ao mercado e ao público em geral?

Você conhece as principais necessidades dos seus clientes e em que sua empresa pode contribuir para o sucesso deles?

Qual o nível de produtos e serviços oferecidos aos clientes?

Quais os fatores que determinam a qualidade e o preço dos seus produtos?

Exemplos de Missão

NIKE

Missão: "Vender artigos esportivos, buscando inovação tecnológica e proporcionando conforto para seus clientes."

WALMART

Missão: "Vender por menos para as pessoas viverem melhor."

TOYOTA

Missão: "Ser a empresa de maior credibilidade do mercado de movimentação de materiais, oferecendo as melhores soluções aos nossos clientes."

SEBRAE – São Paulo

Missão: "Desenvolver e consolidar a força empreendedora paulista voltada pata o segmento dos pequenos negócios, contribuindo para o desenvolvimento de São Paulo e do país."

Com base na definição da missão empresarial, todos os procedimentos, estratégias e decisões deverão ser norteados pelos princípios éticos, comerciais e mercadológicos contidos na missão.

Visão de Futuro

Representa um objetivo de longo prazo. Aonde a empresa quer chegar e como ela gostaria de ser vista no futuro.

Exemplo:

- Estar entre as cinco principais decisões de escolha do cliente;
- Melhorar os programas de qualidade;
- Participar de Associações de Classe;
- Dobrar a participação no seu mercado.

Deve responder:

Aonde a empresa quer chegar?
O que ela quer se tornar?
O que nós estamos construindo?

Para atingirmos o objetivo estipulado, todas as pessoas envolvidas precisam ter princípios, crenças, comportamentos, atitudes e decisões que contribuam para atingir a meta proposta.

Depois de definida a missão (estabelecida a identidade da empresa) e determinada a visão (aonde ela deverá chegar), precisamos definir os valores a serem seguidos e dos quais não podemos abdicar.

Definição de Valores

Neste momento, a empresa vai decidir quais valores deverão ser mantidos, incorporados, resgatados ou eliminados.

Exemplo:
Mantidos – Competência, comprometimento, qualidade absoluta etc.
Incorporados – Excelência no atendimento, maior credibilidade junto ao mercado etc.
Resgatados – Responsabilidade social, valorização de colaboradores etc.
Eliminados – Incompetência.

Matriz SWOT

A Matriz SWOT é uma ferramenta baseada na análise do ambiente de negócios de uma empresa. Ambiente Interno, quando consideramos os pontos fortes e fracos da organização, e Ambiente Externo, quando analisamos as oportunidades e ameaças.

Com base nessa análise, é possível ter uma visão abrangente do negócio e de como devemos atuar para melhorar os pontos fortes, minimizar ou, se possível, eliminar os pontos fracos, aproveitar as oportunidades e reduzir as ameaças.

O nome **SWOT** é por conta das iniciais das palavras oriundas do idioma inglês:

S*trengths* – Forças
W*eaknesses* – Fraquezas
O*pportunities* – Oportunidades
T*hreats* – Ameaças

A seguir, alguns exemplos para que possamos ter uma ideia mais prática sobre o que de fato precisa ser analisado. Lembrando que para cada tipo de negócio, a análise pode ter outras variáveis.

Pontos Fortes

- Boa cadeia de distribuição;
- Desenvolvimento de novos produtos inovadores;
- Gestão altamente profissional;

- Estar instalada em local próprio;
- Ter preço competitivo;
- Facilidade de acesso;
- Amplo estacionamento;
- Produzir com alta qualidade;
- Atendimento personalizado;
- Boa rede de contatos;
- Conhecimento do segmento de atuação.

Pontos Fracos

- Custos operacionais elevados;
- Falta de pessoal especializado;
- Endividamento no curto prazo;
- Custos fixos elevados;
- Falta de capital de giro, comprometendo as atividades operacionais;
- Gestores com pouca experiência administrativa;
- Equipamentos velhos e obsoletos;
- Falta de conhecimento do mercado de atuação.

Oportunidades

- Aumento do consumo;
- Mercado externo atrativo;
- Novos nichos de mercado;
- Demanda crescente;
- Fácil acesso a financiamentos;
- Programas governamentais de apoio às pequenas empresas;
- Taxas de juros em declínio;
- Acesso a matérias-primas baratas.

Ameaças

- Entrada de novos concorrentes;
- Alta no preço dos insumos;
- Falta de matérias-primas essenciais;
- Planos Governamentais;
- Conjuntura econômica (recessão, inflação etc.);
- Taxas de câmbio com grandes flutuações.

Estabelecendo Metas e Objetivos

Depois de a empresa identificar e construir sua missão, projetar sua visão de futuro, determinar os valores a serem seguidos, maximizar seus pontos fortes, reduzir e até eliminar suas fraquezas, vislumbrar suas oportunidades de mercado e afastar tudo que possa ameaçar o seu negócio, é chegado o momento de pensarmos em estabelecer as metas para que os objetivos almejados sejam alcançados.

Definir as metas organizacionais é fundamental para manter os colaboradores motivados e, assim, estimular o alto desempenho, atingindo melhores resultados.

Para estabelecer os objetivos, vamos utilizar uma técnica denominada "SMART". Trata-se de uma palavra da língua inglesa que podemos traduzir como esperto ou inteligente.

A ferramenta tem esse nome porque sugere que os objetivos devem ser estipulados por meio do estudo de cinco variáveis cujas letras iniciais formam a palavra SMART.

- ***S****pecific* (Específicos) – Este critério proporciona a visualização em detalhes do objetivo. Precisamos ter muito claro o que queremos e o que fazer para atingir esse objetivo. Deve responder à pergunta: O quê?
- ***M****easurable* (Mensuráveis) – Estabelece medidas para estipular o objetivo. Essas medidas podem estar expressas em valores, números etc. Os objetivos devem ser quantificados por meio de indicadores que possam medir os resultados alcançados. Deve responder à pergunta: Quanto?
- ***A****chievable* (Viáveis, Alcançáveis) – Critério que vai assegurar que o objetivo determinado possa ser cumprido. Não podemos estipular metas impossíveis de serem atingidas. Muitas vezes, a empresa estabelece objetivos que, por restrições do mercado ou por fatores financeiros, não podem ser cumpridos. Portanto, para conseguir atingir as metas, precisamos ter os recursos necessários, sejam eles materiais, humanos, sejam mercadológicos. Deve responder à pergunta: Como?

- ***R****ealistic* (Realista) – Critério que identifica o significado e o desafio que o objetivo representa. Qual a importância dessa decisão que estamos tomando. O resultado esperado vai agregar valor ao negócio ou projeto? Deve responder à pergunta: Por quê?
- ***T****ime Bound* (Temporal) – Determina o prazo em que a meta deverá ser atingida. Todo projeto deve ter um cronograma determinando o período de tempo no qual cada ação deve ser executada. Todos os prazos devem ser cumpridos. Deve responder à pergunta: Quando?

Plano de ação para o cumprimento eficaz das metas e objetivos

- Avaliar se as pessoas envolvidas no projeto possuem as competências necessárias para desempenhar as funções determinadas.
- As metas devem ser claras e objetivas. Metas genéricas não costumam surtir os efeitos desejados.
- Todos os envolvidos deverão passar por um treinamento de capacitação e orientação sobre a importância do projeto e do trabalho de cada um.
- Preparar indicadores de desempenho para mensurar se os resultados estão dentro do que foi previsto.
- Determinar as ferramentas necessárias para que o trabalho seja executado de forma correta e eficiente.

Tomando todos os cuidados necessários, conseguindo eliminar erros ao definir objetivos claros e possíveis, com certeza a empresa conseguirá tomar decisões com muito mais assertividade e segurança.

Procuramos, neste capítulo, transmitir de forma simples, didática e de fácil compreensão os principais conceitos da estratégia empresarial que devem ser implementados e utilizados pelos empreendedores que desejam ter sucesso em seus negócios.

Conhecidos esses conceitos, podemos partir para a segunda etapa do Plano de Negócio, que é o estudo do mercado de atuação da empresa.

Capítulo 2

ESTRATÉGIAS DE *MARKETING*

"Para abrir uma empresa, deve-se levar em conta que o sucesso de qualquer negócio depende, sobretudo, de um bom planejamento. Em outras palavras, qualquer negócio oferece riscos, mas é possível prevenir-se contra eles. Por meio do planejamento, é possível ter uma noção prévia do funcionamento do negócio sob o ponto de vista dos clientes, dos fornecedores, dos concorrentes e da organização necessária."

"Marketing é toda atividade dirigida para a satisfação das necessidades e desejos do consumidor. Tais necessidades e desejos são satisfeitos mediante a compra de produtos e serviços, que sempre vai ser motivada pela satisfação de uma necessidade."

(WWW.sebrae.com.br)

Analisando o Mercado

Com o avanço tecnológico, o acesso do cliente aos produtos e serviços ficou extremamente facilitado. O seu padrão de comparação hoje é quase ilimitado. Os fornecedores estão espalhados pelo mundo, o que ampliou de forma considerável o universo de possibilidades para suas necessidades de consumo. Nesse contexto, somente aquelas empresas que tiverem um planejamento definido e adequado sobreviverão.

O termo *Marketing*, de origem inglesa, significa interagir com o mercado. Podemos definir mercado como um relacionamento entre produtores e consumidores com o objetivo de suprir suas necessidades e desejos, que acabam se materializando por meio da troca de produtos e serviços.

De um lado, temos empresas e pessoas que querem oferecer produtos e serviços, e de outro, outras empresas e pessoas que desejam utilizar ou consumir esses produtos e serviços. O encontro desses agentes forma o mercado.

Diante disso, conclui-se que o planejamento de *marketing* deve se preocupar com todos os aspectos envolvidos na oferta e demanda de produtos. Como oferta, devemos entender a intenção de trocar produtos ou serviços por dinheiro, e como demanda, a intenção de trocar dinheiro por produtos e serviços.

De acordo com Michael Porter, considerado uma das principais autoridades em estratégia empresarial, a empresa, independentemente do seu segmento de atuação, para colocar seus produtos no mercado, vai sempre se defrontar com o que ele chamou de as cinco forças competitivas: clientes, concorrentes, fornecedores, produtos substitutos e entrantes potenciais. E para planejar sua estratégia de *marketing*, algumas situações precisam ser consideradas:

- Produtos diferenciados oferecidos pela concorrência;
- Necessidade de recursos para investimento em instalações e equipamentos;
- Necessidade de recursos para investimento em publicidade;
- Posição da empresa frente à concorrência;
- Estrutura de custos;
- Fornecedores atuais e potenciais.

As Cinco Forças Competitivas

Clientes

A demanda comanda o mercado. O preço que se pode cobrar por um produto é consequência direta do desejo, da disponibilidade e da decisão dos compradores. Em outras palavras, o poder de negociação dos compradores é a primeira força a ser conhecida, pois influencia o preço dos produtos cobrados pelas empresas, o que acaba interferindo na receita, nos custos, no investimento e, consequentemente, nos resultados.

Concorrentes

Empreender é estar disposto a competir. A rivalidade existente entre empresas concorrentes é fator importante na determinação dos preços e dos custos, influenciando ainda outras variáveis, como desenvolvimento de produtos, publicidade e força de vendas.

Fornecedores

Procurar cercar-se de fornecedores bons e éticos é fundamental. O poder de negociação dos fornecedores vai determinar o custo das matérias-primas e de outros insumos, representando uma força considerável na competição entre empresas.

Produtos Substitutos

O mercado é dinâmico por excelência, especialmente nos tempos atuais, em que a criatividade está em seu ponto máximo. A entrada no mercado de produtos ou serviços similares aos já existentes que eventualmente possam substituir os tradicionais é outra ameaça à competitividade das empresas.

Entrantes Potenciais

A ameaça de entrada de novas empresas em um determinado segmento acaba limitando preços e faz com que as empresas aumentem seus investimentos em novas tecnologias.

Dificuldades Enfrentadas pelos Empresários de Pequenas Empresas

Quase sempre, o pequeno empresário procura atender, em seu escasso tempo, aos problemas operacionais e não tem muita preocupação com planos futuros. Afinal, para a maioria deles, o fato de sobreviverem em um mercado aguerrido já é uma jornada heroica. Entretanto, mesmo para pequenos negócios, o planejamento é, além de imprescindível, importante fator de continuidade para a empresa. A prudência, entretanto, recomenda que antes de propor uma estratégia para os pequenos empresários, é necessário que sejam identificados alguns problemas peculiares:

- O dirigente da pequena empresa dispõe de pouco tempo, pois precisa administrar todos os departamentos.

Mesmo que o espaço físico seja pequeno, ele compra, às vezes retira a matéria-prima comprada, vai aos bancos fazer pagamentos e negociações, faz entrega, põe a mão na massa e nem sempre tem cuidado ao aproveitar melhor as horas disponíveis.

- Na maioria das vezes, o empresário tem pouca intimidade com planejamento e acaba por achá-lo de pouca utilidade. Considera-se suficientemente competente para ter tudo na memória e resolver as pendências. Costuma pagar caro por isso.
- O pequeno empresário, via de regra, sente-se impotente diante das forças do mercado e acredita que pouco pode fazer para mudar a situação. Até nos mercados sofisticados e competitivos, há sempre algum lance que se pode tentar para melhorar a participação no bolo total dos negócios. Empreender é arrojar. Cria-se vantagem competitiva quando é possível vislumbrar alternativas que possam superar as forças da concorrência. O grande diferencial competitivo do pequeno empresário é a arte de servir. Servir bem.
- Não existem informações confiáveis por falta de relatórios gerenciais. Um pouco de papel nem sempre significa complexidade. Acumular dados, com a informática disponível para praticamente todos, torna possível criar relatórios simples que sirvam para melhor nortear o negócio. Pode servir, por exemplo, para saber diferenciar bem o dinheiro da empresa do dinheiro particular de seu proprietário. Ou saber a parte da receita que representa realmente lucro.
- Existe muita informalidade no gerenciamento da atividade, as ordens são quase sempre verbais. Cada caso é tratado individualmente, prejudicando o controle das informações. Sem cair na burocracia, algumas normas escritas e algumas determinações formalizadas servem para que os auxiliares se sintam seguros das tarefas que lhes compete e aumentar sua produtividade.

Portanto, o primeiro passo para a empresa iniciar o seu planejamento é a disposição do empresário para promover algumas mudanças pessoais e empresariais.

Segmentação de Mercado

"A segmentação de mercado é uma subdivisão do mercado em conjuntos menores de acordo com as características e hábitos de compras dos consumidores."
(Kotler)

O mercado é imenso e heterogêneo. A subdivisão é fundamental para o pequeno empresário. O difícil é determinar a fatia correta.

Existem muitas diferenças entre o que os clientes esperam dos produtos e serviços oferecidos e a forma como os fabricantes enxergam esses desejos. A grande dificuldade das pequenas empresas é descobrir as reais necessidades dos clientes.

Para superar essas dificuldades, é necessário um estudo do mercado que nos dê informações sobre o público que pretendemos atingir.

Exemplos de segmentação de mercado:

Que tipo de cliente nossa empresa quer ou tem condições de atingir?

- Adolescentes que se preocupam com a moda?
- Pessoas que residem nos arredores do nosso ponto de venda?
- Pessoas que possuem animais de estimação?
- Mulheres que moram ou trabalham em um raio de 10 Km do nosso ponto de venda?
- Funcionários de empresas da região que almoçam em restaurantes?
- Usuários de produtos naturais?
- Estamos localizados em uma região com um público de alto poder aquisitivo?
- Profissionais liberais, especializados em atendimento personalizado? (eletricistas, empreiteiros de obras, marceneiros etc.)
- O nosso tipo de público tem o hábito de compras virtuais?

Vários fatores determinam a segmentação de mercado, o tipo de negócio da empresa, o local onde está instalada, a capacidade produtiva, entre outros.

Depois de determinado nosso público-alvo, podemos definir qual a melhor estratégia para abordá-lo.

Tipos de Estratégias Competitivas

As estratégias visam alcançar uma posição no segmento de atuação da empresa que possa protegê-la das forças competitivas ou influenciá-las a seu favor. Os principais tipos de estratégias competitivas são:

Liderança no Custo

Sempre que identificados como possíveis, neste tipo de estratégia, os esforços são direcionados para a redução do custo de determinados produtos. Isso pode ser obtido por meio da troca de embalagens por outras de menor custo, utilização de matérias-primas alternativas, mudanças nos canais de distribuição, por exemplo, o cliente retira o produto. É necessário verificar detalhadamente os custos envolvidos, identificando os que podem ser reduzidos.

O objetivo é conseguir atingir clientes dentro do mercado, sensíveis à variável preço, e obter, dessa forma, uma vantagem competitiva junto a essa classe de consumidores.

Diferenciação

Tem como objetivo estabelecer um diferencial competitivo por meio de produtos ou atividades que tenham atributos importantes para os consumidores. Os consumidores têm necessidades diversificadas. A empresa pode selecionar grupos cujas necessidades possam ser atendidas de maneira mais eficaz e eficiente que a concorrência (grupos étnicos, faixa de renda etc.).

Como exemplo, podemos citar um salão de cabeleireiros que atende tratamento e cortes de cabelo afro, ou um restaurante que oferece comida árabe porque identificou que na região, apesar de ter público interessado, não existe nenhum outro restaurante que ofereça esse tipo de comida.

Enfoque

Estratégia cujo foco é concentrar-se em um segmento específico de sua linha de produtos ou em determinada área geográfica e adaptar sua estratégia para atender o segmento selecionado. Se a empresa trabalha com confecções, por exemplo, pode concentrar seus esforços de vendas em roupas infantis e, a partir daí, especializar-se no atendimento desse público, conseguindo, assim, uma vantagem competitiva.

A empresa pode também escolher uma área dentro do campo de atuação, que pode ser um bairro, uma praça, uma avenida ou uma cidade e, com base nessa decisão, procurar a especialização no atendimento ao público selecionado, e que possui características próprias, como hábitos diferenciados de consumo, faixa de renda, nível de escolaridade e outras.

Roteiro para Levantamento do Mercado

A seguir, vamos apresentar uma sugestão para a empresa conseguir levantar informações sobre seu mercado de atuação.

O que estamos vendendo?

- Fazer uma breve descrição do produto;
- Qual a razão pela qual esse produto é consumido?;
- Quais os produtos que concorrem diretamente com o nosso? (vantagens e desvantagens);
- Quais as vantagens do produto que estamos comercializando?
  Qualidade do produto;
  Aceitação;
  Uso do produto;
  Embalagem;
  Preços;
  Distribuição;
  Meios de divulgação;
- Aspectos de diferenciação do produto.

Para quem estamos vendendo?

- Perfil do cliente (sexo, renda, ocupação, educação, faixa etária etc.).

Onde estamos vendendo?

- Área geográfica atual e visada;
- Tipos de estabelecimentos que vendem o produto;
- Possibilidades de venda em outros estabelecimentos.

Como estamos vendendo?

- Fase do ciclo de vida em que se encontra o produto;
- Recursos destinados à distribuição;
- Verba destinada à propaganda;
- Informações sobre o segmento de atuação;
- Promoções que têm sido empregadas para aumentar as vendas.

"Sebrae"

Plano de *Marketing*

O plano de *marketing* estabelece objetivos, metas e estratégias em sintonia com o plano estratégico geral da empresa.

Quando se estabelece um plano de vendas, isso significa que todas as demais partes da empresa estarão envolvidas.

- O departamento de produção deverá adquirir as matérias-primas suficientes para aquela produção, ter o maquinário adequado e tomar uma série de outras medidas para produzir dentro das condições estabelecidas;
- O departamento financeiro, por sua vez, deverá providenciar recursos financeiros para a produção e para os investimentos necessários;
- O departamento de recursos humanos será responsável pela contratação de funcionários com as características necessárias para o desenvolvimento das estratégias planejadas, e assim por diante.

Todos os departamentos de uma empresa são afetados pelo plano de *marketing*.

Composto de *Marketing*

De acordo com especialistas em *Marketing*, a decisão de compra dos consumidores é baseada em quatro variáveis, o que se convencionou chamar de Composto de *Marketing*, ou mais popularmente "Os Quatro Ps do *Marketing*", porque cada uma delas começa com a letra **P**.

Produto

O objetivo do estudo dessa variável é conhecer as características, vantagens e desvantagens do nosso produto ou serviço em comparação com outros similares oferecidos pelo mercado.

São partes importantes do produto, na conquista dos clientes, sua qualidade aos olhos do comprador, o atrativo de sua embalagem, o prestígio de sua marca e a assistência técnica oferecida ao cliente.

Outra informação importante é saber determinar para quem esse produto ou serviço será vendido, ou seja, quem é o público que potencialmente pode se interessar por ele.

Ponto de Venda

Como os clientes terão acesso ao nosso produto? Pontos de venda físicos, *e-commerce*, vendedores externos, representantes. É muito importante determinar os canais de distribuição. Não faz sentido oferecer produto ou serviço onde os clientes potenciais não se encontram.

Preço

Quem determina o preço de um produto ou serviço é o mercado por meio das leis da oferta e procura. A empresa precisa ter um preço competitivo, levando em conta os custos e a rentabilidade desejada.

É imprescindível que o preço esteja alinhado com o poder aquisitivo do público-alvo, pois estará disputando uma fatia de mercado com outras empresas concorrentes.

Promoção

Como o produto vai chegar até o consumidor?

São as maneiras de a empresa divulgar seus produtos. Deve-se levar em consideração a forma de comunicação e se a linguagem está adequada ao público-alvo.

Não adianta ter um ótimo produto se a clientela dele não tomar conhecimento. Daí a importância da promoção. É, enfim, a divulgação do produto e compreende todos os recursos que podem ser utilizados para torná-lo conhecido e lembrado pelos consumidores.

O objetivo da promoção, além de procurar despertar o desejo dos consumidores, é tornar sua marca, produto ou empresa conhecida.

No caso de as vendas serem em locais físicos, é necessário que os vendedores e atendentes sejam treinados para tratar os clientes com cordialidade e respeito, e também conheçam profundamente os produtos ou serviços que estão oferecendo.

As estratégias normalmente utilizadas são:

- Feiras e exposições;
- Participação em eventos junto à comunidade;
- Promoção nos pontos de venda;
- Internet – *sites* e mídias sociais;
- Jornais, panfletos e revistas especializadas;
- Mala-direta;
- *Outdoors, displays* nos pontos de venda;
- Rádio, televisão; e
- Outros esforços.

Hoje, com a evolução dos métodos e dos processos mais modernos, algumas outras variáveis importantes são incorporadas ao tradicional modelo "Os Quatro Ps do *Marketing*". Entre elas, destacamos:

Produtividade

Maquinários antigos e obsoletos produzem lotes de produtos com baixa qualidade, tendo como consequência retrabalho e refugo de peças (peças inutilizadas), aumentando os custos de produção. Equipamentos modernos e de alta tecnologia trazem um efeito inverso, tornando a empresa muito mais competitiva.

Processos

Hoje, existem processos que auxiliam a gestão, facilitam a localização de produtos, controlando os estoques e gerenciando os custos. A implantação desses processos mais eficientes torna possível a tomada de decisões mais acertadas.

Pessoas

A qualificação de funcionários e colaboradores é essencial para o sucesso do negócio. O empresário deve enxergar o treinamento das equipes como investimento, jamais como custo.

As variáveis aqui apresentadas podem parecer palavras comuns, porém, juntas formam uma poderosa ferramenta de planejamento e gestão de *marketing* das empresas. Trata-se de pilares básicos que vão direcionar o poder de compra dos clientes. Portanto, precisamos conhecer cada um deles para que sejamos uma das principais escolhas do consumidor.

Criando uma Vantagem Competitiva por meio da Fixação da Marca

Não é à toa que, em muitos casos, a marca de um produto valha muito mais que o estabelecimento onde ele é fabricado. Que o digam a Coca-Cola, o McDonald's, a Bombril, a Nestlé e tantos outras marcas muito conhecidas.

A marca acentua a diferenciação que, como já foi visto, é a criação de uma característica que seja valorizada pelo consumidor no momento da compra.

A marca da empresa ou do produto deve ser trabalhada de tal forma que, quando oferecida ao mercado, possa ser distinguida como símbolo de confiabilidade. Para que isso ocorra, obviamente a empresa precisa ter produtos com atributos que realmente correspondam à imagem desejada e manter permanente controle sobre sua qualidade para a manutenção dessa imagem.

Geralmente, como o mercado oferece uma vasta quantidade de produtos similares, principalmente no que se refere às pequenas empresas, além da qualidade do produto e do preço praticado, é necessário obter uma distinção por meio da formação e divulgação da marca.

O consumidor, em sua decisão de compra, ao se deparar com produtos de qualidade e preços semelhantes, sempre vai optar por aquele que em sua opinião seja mais conhecido e confiável.

Evidentemente, o pequeno empresário tem muita dificuldade em competir com marcas internacionalmente conhecidas e respeitadas, porém, quanto mais sua marca for relacionada à qualidade e confiabilidade, as oportunidades de venda, sem dúvida, serão maiores.

Portanto, qualquer que seja o porte da empresa ou ramo de atividade em que atue, os esforços de divulgação da marca sempre valerão a pena, mesmo que demandem um investimento adicional ao empresário.

A Importância da Imagem Pessoal

Nos pequenos negócios, a figura da empresa e a do empresário estão sempre muito ligadas. Portanto, é necessário que a imagem pessoal seja muito bem definida.

Lembre-se: você é o único responsável por aquilo que todos pensamos de você.

A única maneira de marcarmos, sendo lembrados pela imagem de um bom profissional, é demonstrar que, se não formos os melhores, estamos entre os melhores. E, para estarmos entre os melhores, não podemos agir como a maioria age, e sim, diferente dela, não só satisfazendo as necessidades dos clientes, como também encantando e surpreendendo-o.

Conhecendo os principais aspectos do mercado, podemos dar o próximo passo, que é definir o planejamento financeiro.

Capítulo 3

PLANEJAMENTO FINANCEIRO

Depois de conhecermos o mercado de atuação do nosso negócio e entendermos as principais estratégias que podem fazer com que nossa empresa fique mais competitiva, chegou o momento de avaliarmos se o que pretendemos fazer é viável do ponto de vista financeiro.

Planejamento Operacional

O planejamento operacional refere-se ao estudo da estrutura necessária para a empresa entrar em funcionamento e deve estar alinhado com o plano financeiro, pois os custos de implantação do projeto devem estar de acordo com as possibilidades financeiras da empresa.

O planejamento operacional vai demandar uma série de decisões por parte do empresário, e a primeira parte se refere à estrutura física do negócio.

Estrutura Física

- Escolha do local onde a empresa será instalada. Isso envolve as dimensões necessárias para a fabricação do produto ou serviço que vai ser oferecido.
- Dependendo do tipo de negócio, avaliar a necessidade de possuir estacionamento próprio.
- *Layout* do setor produtivo, evitando desperdícios e retrabalho, além de facilitar a locomoção de funcionários e clientes.
- Estudo do mobiliário e equipamentos necessários para o início das atividades.
- Aquisição das instalações e equipamentos. Lembrem-se: equipamentos modernos, aliados a processos produtivos eficientes, melhoram a qualidade do produto e aumentam a produtividade.

Nesse momento, é extremamente importante estimar a capacidade produtiva do negócio, isto é, quanto pode ser produzido ou quantos clientes podem ser atendidos com a estrutura existente.

Com isso, podemos planejar de forma adequada as vendas, diminuir a ociosidade e adequar o nosso plano de *marketing.*

Não podemos atrair mais clientes do que a nossa capacidade de atendimento.

"Seja realista e considere na projeção o volume de produção, de vendas de produtos ou serviços, suas instalações, dimensione a equipe de trabalho, sua disponibilidade financeira, o fornecimento de matérias-primas e ou mercadorias e o tamanho do mercado."
(Sebrae – Como Elaborar um Plano de Negócios)

Formação da Equipe de Trabalho

Vamos agora dimensionar a nossa equipe de trabalho. Precisamos projetar quais são as pessoas necessárias para tocar o nosso negócio.

- Quantidade de funcionários e qual a qualificação necessária para atender às nossas necessidades.
- Cargos a serem ocupados.
- Valor dos salários, encargos e benefícios a serem pagos.
- Forma de contratação: vamos atender e entrevistar os pretendentes? Vamos contratar uma agência de Recursos Humanos?
- Existe legislação específica a respeito do nosso negócio?
- Qual o piso salarial?
- Existe mão de obra disponível na região?

De posse de todas essas informações, podemos iniciar a elaboração do plano financeiro.

Plano de Investimento Inicial

Agora que estabelecemos um planejamento para estruturar a empresa, podemos dimensionar os gastos para a implantação do negócio. São os chamados gastos pré-operacionais, ou seja, as despesas que teremos até o negócio entrar em operação e começar a gerar receitas.

Vamos aqui elencar os principais:

Gastos com a regularização da empresa – são as despesas incorridas para a regularização da empresa nos órgãos competentes e compreende:

- Registro da empresa nos órgãos competentes, união, estado e município;
- Dependendo do tipo de empresa, teremos algumas licenças especiais, como corpo de bombeiros, Cetesb, Vigilância Sanitária etc.;
- Se os produtos forem inovadores, sem similar no mercado, precisamos também registrar sua patente.

Gastos com a adequação do espaço a ser utilizado pela empresa – são os gastos relacionados a tornar o espaço compatível com o negócio a ser desenvolvido.

- Reformas para adequar o espaço às necessidades do projeto;
- Compra de mobiliário, computadores, instalações elétricas, hidráulicas;
- Se for um espaço destinado à produção, teremos também as máquinas e equipamentos, além de protótipos a serem desenvolvidos;
- Capacidade de atendimento aos clientes, necessidade de estacionamento próprio;
- Valor do aluguel a ser pago, IPTU e seguro.

Gastos com ações de *Marketing*

- Criação da identidade visual da empresa;
- Catálogos descrevendo os produtos, logotipos, cartões de visita etc.;
- Desenvolvimento de *site*.

Formação do estoque inicial

- Para iniciar as atividades, é necessário ter um estoque inicial, composto por produtos, matérias-primas, embalagens etc.

Reserva para capital de giro

- Trata-se de um fundo de reserva para os primeiros meses, quando a empresa ainda não obterá a receita desejada.

Despesa com pessoal – a empresa, nesse momento, precisa dimensionar sua equipe de trabalho.

- Quais os cargos a serem preenchidos?
- Quantos funcionários serão necessários?
- Quais benefícios serão oferecidos pela empresa?

A seguir, apresentamos um relatório de acompanhamento dos chamados gastos pré-operacionais, que como já foi dito, são todas as despesas com as quais a empresa tem de arcar antes de entrar em funcionamento, ou seja, antes de gerar receitas.

É muito importante dimensionar esses gastos, pois eles vão indicar se o empreendedor possui ou pode conseguir recursos para viabilizar a abertura da empresa.

Muitos empreendimentos não conseguem prosperar porque o empreendedor não tem conhecimento da real necessidade de recursos para abrir o negócio.

PLANO DE INVESTIMENTO INICIAL			
INVESTIMENTOS	**REALIZADO**	**MÊS 1**	**MÊS 2**
Gastos com a regularização da empresa			
Elaboração de Contrato Social			
Escritório Contábil			
Gastos advocatícios			
Registro da empresa em órgãos competentes			
Licenças especiais (Cetesb/Bombeiros/Anvisa)			
Total			
Gastos com a adequação do espaço			
Reformas/Adequação do *layout*			
Compra de mobiliário			
Computadores			
Instalação de internet/telefonia			
Máquinas/Equipamentos			
Total			

Gastos com *Marketing*			
Criação de logotipos/cartões			
Catálogos de produtos			
Desenvolvimento de *site*			
Total			

Formação de estoque e capital de giro			
Estoque inicial de produtos			
Embalagens			
Fundo de reserva			
Total			

Despesa com pessoal			
Funcionários/encargos/benefícios			
Treinamento			
Total			

Total do investimento inicial			

Relatório Gerencial de Resultado

A empresa precisa também, mensalmente, projetar suas receitas, seus custos e o resultado dessas operações. Antes de iniciarmos esse trabalho, precisamos entender alguns conceitos importantes.

Os gastos nas empresas têm características diferentes e, portanto, precisam ter um tratamento também diferenciado.

Temos custos que estão ligados à produção e venda ou à prestação de serviços. São os chamados custos variáveis. São despesas que variam proporcionalmente à venda. Como exemplo, podemos citar as comissões. Se a empresa paga, a título de comissão, ao seu vendedor 5% do total vendido no mês, e a venda foi de R$ 100.000,00, o vendedor receberá, a título de comissão, R$ 5.000,00. Se no mês seguinte as vendas aumentarem 20%, ou seja, R$ 120.000,00, esse vendedor receberá R$ 6.000,00, porém os mesmos 5%. Vejam que a variação é proporcional.

Temos também custos que não se alteram com as variações ocorridas nas vendas. São os chamados custos fixos. Como exemplo, temos o aluguel. Qualquer que seja o faturamento da empresa, o aluguel continuará no valor estipulado no contrato de locação, nada tendo a ver com o valor vendido.

Outro ponto importante são os relatórios gerenciais. A informação é provavelmente a coisa mais importante na tomada de decisões. Entretanto, a informação dispersa não fornece muito subsídio para a tomada de decisões, ela precisa estar estruturada em relatórios gerenciais, como veremos a seguir.

Para utilizarmos as ferramentas adequadas de gestão financeira, vamos utilizar um estudo de caso. A empresa Comercial Fita Azul Ltda.

As projeções dos números da empresa para os primeiros quatro meses de atividade são as seguintes:

Projeção Financeira		
Vendas mensais		
Produto	**Unidades**	**Valor Unitário**
Prod. A	20.000	R$ 15,00
Prod. B	30.000	R$ 10,00
Prod. C	50.000	R$ 8,00

Custos e despesas mensais		
Salários		R$ 100.000,00
Encargos sobre salários 80%		R$ 80.000,00
Impostos sobre faturamento		10%
Aluguel mensal		R$ 20.000,00
Retiradas dos sócios		R$ 30.000,00
Mercadorias		**Preço unitário**
Prod. A		R$ 6,50
Prod. B		R$ 5,00
Prod. C		R$ 3,60
Comissões sobre vendas		5%
Outros custos fixos		R$ 70.000,00

Outras informações:

Supomos que para iniciar o negócio, o empresário investiu R$ 350.000,00 por meio de recursos próprios.

De posse das informações, podemos iniciar a análise do negócio. Primeiro, precisamos organizar as informações, pois como já foi explicado, a informação, para nos ajudar na análise dos números e posterior tomada de decisões, precisa estar estruturada em relatórios gerenciais. Da forma como as informações estão disponibilizadas, não conseguimos saber qual é a estrutura de custo da empresa e se os números apontam um resultado positivo e de acordo com a pretensão do empreendedor.

COMERCIAL FITA AZUL LTDA. - DEMONSTRATIVO GERENCIAL DE RESULTADO				
	MÊS 1	MÊS 2	MÊS 3	MÊS 4
VENDAS				
Prod. A - 20.000 unid. X 15,00	R$ 300.000,00	R$ 300.000,00	R$ 300.000,00	R$ 300.000,00
Prod. B - 30.000 unid. X 10,00	R$ 300.000,00	R$ 300.000,00	R$ 300.000,00	R$ 300.000,00
Prod. C - 50.000 unid. X 8,00	R$ 400.000,00	R$ 400.000,00	R$ 400.000,00	R$ 400.000,00
TOTAL	R$ 1.000.000,00	R$ 1.000.000,00	R$ 1.000.000,00	R$ 1.000.000,00
(-) CUSTOS VARIÁVEIS				
Comissões - 5% x 1.000.000,00	R$ 50.000,00	R$ 50.000,00	R$ 50.000,00	R$ 50.000,00
Impostos - 10% x 1.000.000,00	R$ 100.000,00	R$ 100.000,00	R$ 100.000,00	R$ 100.000,00
Mercadorias adquiridas				
Prod. A - 20.000 unid. x 6,00	R$ 120.000,00	R$ 120.000,00	R$ 120.000,00	R$ 120.000,00
Prod. B - 30.000 unid. x 4,00	R$ 150.000,00	R$ 150.000,00	R$ 150.000,00	R$ 150.000,00
Prod. C - 50.000 unid. x 3,60	R$ 180.000,00	R$ 180.000,00	R$ 180.000,00	R$ 180.000,00
TOTAL	R$ 600.000,00	R$ 600.000,00	R$ 600.000,00	R$ 600.000,00
(=) MARGEM DE CONTRIBUIÇÃO	R$ 400.000,00	R$ 400.000,00	R$ 400.000,00	R$ 400.000,00
(-) CUSTOS FIXOS				
Salários	R$ 100.000,00	R$ 100.000,00	R$ 100.000,00	R$ 100.000,00
Encargos s/ os salários 80%	R$ 80.000,00	R$ 80.000,00	R$ 80.000,00	R$ 80.000,00
Aluguel	R$ 20.000,00	R$ 20.000,00	R$ 20.000,00	R$ 20.000,00
Retiradas Pró-labore	R$ 30.000,00	R$ 30.000,00	R$ 30.000,00	R$ 30.000,00
Outros custos fixos	R$ 70.000,00	R$ 70.000,00	R$ 70.000,00	R$ 70.000,00
TOTAL	R$ 300.000,00	R$ 300.000,00	R$ 300.000,00	R$ 300.000,00
RESULTADO	R$ 100.000,00	R$ 100.000,00	R$ 100.000,00	R$ 100.000,00

Como podemos observar no relatório acima, os números apresentados, depois de devidamente analisados e estruturados, dão uma visão muito melhor do negócio.

Agora sabemos com muito mais clareza qual a composição de custos adotada pela empresa e os resultados esperados no período de análise, além de muitas outras informações.

Tendo o relatório sido elaborado de forma adequada, podemos observar alguns números importantes, e vamos citar alguns deles:

- As receitas de vendas dos três produtos perfazem a quantia de R$ 1.000.000,00, e é dessa receita que a empresa vai poder cobrir a totalidade dos custos e saber o resultado conseguido.
- O custo variável, no valor de R$ 600.000,00, corresponde a 60% das vendas, lembrando que, como ele varia proporcionalmente às vendas, toda vez que a empresa tiver variação no seu volume de vendas, ele continuará sendo de 60%. Por exemplo, se as vendas caírem para R$ 800.000,00, o custo variável será de R$ 480.000,00, 60% das novas vendas.
- O custo fixo é de R$ 300.000,00, que precisa ser pago mensalmente, independentemente das alterações nas vendas.
- Vimos também que a empresa apresenta um lucro de R$ 100.000,00, 10% das vendas.

Essas informações são extremamente importantes, porque com elas poderemos proceder à análise financeira do negócio, como veremos nos próximos tópicos do trabalho.

No caso da Comercial Fita Azul, empresa que comercializa três produtos, os números não sofreram modificações no decorrer do tempo. O que não acontece no mundo dos negócios. O aluguel sofre reajustes periódicos, os produtos têm seus preços alterados, assim como as mercadorias adquiridas. Os salários também se modificam no decorrer do tempo por conta de convenções coletivas de trabalho e determinações governamentais.

Como foi nosso primeiro contato com esses números, eles serão analisados com o pressuposto que se mantenham inalterados em função do tempo.

Quando formos de fato abrir o nosso negócio, aí sim, todas as variáveis serão detalhadamente analisadas. O que vai ocorrer no próximo capítulo.

Margem de Contribuição

Por meio do Demonstrativo Gerencial de Resultado, conseguimos visualizar a composição de custos e o resultado apresentado pela empresa.

Precisamos, neste momento, verificar a situação dos produtos vendidos. Será que são todos rentáveis? Qual é o nosso produto mais rentável? Para responder a essas questões, precisamos de uma nova ferramenta de gestão: **Margem de Contribuição.**

O conceito de Margem de Contribuição é muito simples, como veremos a seguir:

Margem de Contribuição = Vendas (-) Custos Variáveis

Vamos então analisar os produtos da Fita Azul:

COMERCIAL FITA AZUL - PLANILHA DE CUSTOS DOS PRODUTOS

	PROD. A	PROD. B	PROD.C
Preço Unitário	**R$ 15,00**	**R$ 10,00**	**R$ 8,00**
Custos Variáveis			
Custo unitário do produto	R$ 6,50	R$ 5,00	R$ 3,60
Impostos 10%	R$ 1,50	R$ 1,00	R$ 0,80
Comissões 5%	R$ 0,75	R$ 0,50	R$ 0,40
Total	**R$ 8,75**	**R$ 6,50**	**R$ 4,80**
Margem de contribuição	**R$ 6,25**	**R$ 3,50**	**R$ 3,20**
Custo Fixo	**R$ 3,00**	**R$ 3,00**	**R$ 3,00**
R$ 300.000,00 ÷ 100.000 unid.	R$ 3,00	R$ 3,00	R$ 3,00
Margem Líquida	**R$ 3,25**	**R$ 0,50**	**R$ 0,20**

Primeiro, é preciso que fique muito claro que a lucratividade do produto é medida pela sua margem de contribuição antes de receber a carga de custos fixos.

O motivo é simples. O produto não pode ser onerado por gastos que independem da sua produção e venda.

Vejam. Se o aluguel sofrer um reajuste de 20%, essa despesa adicional nada tem a ver com a fabricação ou venda dele. Se os proprietários decidem dobrar o pró-labore, essa decisão não pode impactar os produtos. Se a empresa naquele mês não vender nenhuma unidade de seus produtos, ainda assim precisa pagar suas despesas operacionais.

A carga de custos fixos é feita em forma de rateio, o total dos custos dividido pelas unidades vendidas. É um número que, apesar de não interferir na rentabilidade dos produtos, precisa ser considerado.

Custos fixos operacionais altos, como um grande número de funcionários ociosos, retirada dos sócios acima de limites aceitáveis ou empresa instalada em local luxuoso, ocasionando gastos incompatíveis com a atividade. Todos esses gastos, apesar de não serem imputados aos produtos, precisam de constante monitoramento porque podem, inclusive, inviabilizar o negócio, mesmo a empresa tendo produtos rentáveis.

Para ilustrar essas questões, vamos, dentro do nosso estudo de caso da Comercial Fita Azul Ltda., supor as seguintes mudanças:

- A empresa está mudando para um local maior e melhor localizado cujo aluguel mensal será de R$ 35.000,00;
- Os proprietários decidiram aumentar a retirada pró-labore para R$ 50.000,00;
- Serão contratados funcionários para atender a diretoria cujo custo mensal será de R$ 15.000,00 (salários + encargos).

Após essas modificações, vamos preparar uma nova planilha de custo dos produtos e um novo demonstrativo gerencial de resultado.

COMERCIAL FITA AZUL - PLANILHA DE CUSTOS DOS PRODUTOS			
	PROD. A	**PROD. B**	**PROD.C**
Preço Unitário	**R$ 15,00**	**R$ 10,00**	**R$ 8,00**
Custos Variáveis			
Custo unitário do produto	R$ 6,50	R$ 5,00	R$ 4,00
Impostos 10%	R$ 1,50	R$ 1,00	R$ 0,80
Comissões 5%	R$ 0,75	R$ 0,50	R$ 0,40
Total	**R$ 8,75**	**R$ 6,50**	**R$ 5,20**
Margem de contribuição	**R$ 6,25**	**R$ 3,50**	**R$ 2,80**
Custo Fixo	**R$ 3,50**	**R$ 3,50**	**R$ 3,50**
R$ 350.000,00 ÷ 100.000 unid.			
Margem Líquida	**R$ 2,75**	**R$ 0,00**	**(-) R$ 0,70**

Comercial Fita Azul - DRE – com aumento dos custos	
	VALOR
VENDAS	
Prod. A - 20.000 unid. X 15,00	R$ 300.000,00
Prod. B - 30.000 unid. X 10,00	R$ 300.000,00
Prod. C - 50.000 unid. X 8,00	R$ 400.000,00
TOTAL	**R$ 1.000.000,00**
(-) CUSTOS VARIÁVEIS	
Comissões - 5% x 1.000.0 00,00	R$ 50.000,00
Impostos - 10% x 1.000.000,00	R$ 100.000,00

Mercadorias adquiridas	
Prod. A - 20.000 unid. x 6,00	R$ 120.000,00
Prod. B - 30.000 unid. x 4,00	R$ 150.000,00
Prod. C - 50.000 unid. x 3,60	R$ 180.000,00
TOTAL	**R$ 600.000,00**
(=) MARGEM DE CONTRIBUIÇÃO	**R$ 400.000,00**

(-) CUSTOS FIXOS	
Salários	R$ 108.500,00
Encargos s/ os salários 80%	R$ 86.500,00
Aluguel	R$ 35.000,00
Retiradas Pró-labore	R$ 50.000,00
Outros custos fixos	R$ 70.000,00
TOTAL	**R$ 350.000,00**
LUCRO OPERACIONAL	**R$ 50.000,00**

Vejam, com o aumento sugerido nos custos fixos operacionais, na planilha de custos, observamos que o produto C ficou com uma margem líquida negativa, apesar de ser rentável e cada unidade vendida trazer de lucro para a empresa R$ 2,80.

Com relação ao Demonstrativo Gerencial de Resultado, a empresa teve seu lucro reduzido em R$ 50.000,00, ou seja, 50%.

Todas essas consequências são em função da decisão do aumento de despesas sem nenhuma interferência na produção ou venda dos produtos.

Esse fato deixa muito claro a necessidade de os custos fixos serem administrados de forma tal que não comprometam o resultado da empresa.

Ponto de Equilíbrio das Operações

Entendendo o conceito de Margem de Contribuição, podemos, neste momento, utilizar alguns instrumentos para a análise dos custos. Vamos então estudar uma das principais ferramentas utilizadas na gestão dos custos, o Ponto de Equilíbrio das Operações.

Trata-se de uma ferramenta que mostra ao gestor qual o valor mínimo de venda que cobre a totalidade dos custos.

Essa resposta vai propiciar um melhor planejamento das vendas e o momento em que a empresa corre o risco de operar em prejuízo.

A forma do cálculo é muito simples:

Custos Fixos ÷ (Margem de Contribuição ÷ Total das Vendas)

Vamos apurar o Ponto de Equilíbrio da Comercial Fita Azul:

PE = R$ 300.000,00 ÷ (R$ 400.000,00 ÷ R$ 1.000.000,00)
PE = R$ 300.000,00 ÷ R$ 0,40
PE = R$ 750.000,00

O volume de vendas que cobre a totalidade dos custos é R$ 750.000,00. Dentro da atual estrutura de custos da empresa, vendas acima de R$ 750.000,00 proporcionam lucro, e vendas abaixo desse valor ocasionam prejuízo.

Vamos conferir?

Supondo que a empresa vendeu exatamente o valor encontrado no ponto de equilíbrio, como ficaria o Demonstrativo Gerencial de Resultado?

Comercial Fita Azul - DRE no Ponto de Equilíbrio		
	VALOR	%
VENDAS		
TOTAL	R$ 750.000,00	100%
(-) CUSTOS VARIÁVEIS		
Comissões - 5% x 300.000,00	R$ 15.000,00	
Impostos - 10% x 300.000,00	R$ 30.000,00	
	R$ 45.000,00	
Mercadorias adquiridas		
40% x R$ 750.000,00	**R$ 300.000,00**	
Total dos Custos Variáveis	R$ 450.000,00	60%
(=) MARGEM DE CONTRIBUIÇÃO	R$ 300.000,00	40%
(-) CUSTOS FIXOS		
Salários	R$ 100.000,00	
Encargos s/ os salários 80%	R$ 80.000,00	
Aluguel	R$ 20.000,00	
Retiradas Pró-labore	R$ 30.000,00	
Outros custos fixos	R$ 70.000,00	
TOTAL	R$ 300.000,00	40%
LUCRO OPERACIONAL	ZERO	0%

Alavancagem Operacional

Instrumento financeiro que tem como propósito indicar o impacto dos custos fixos na lucratividade das empresas. Quanto maior a variação nas vendas, proporcionalmente maior será a variação no lucro, desde que mantida a mesma estrutura de custos fixos.
(Machado, A Arte de Administrar Pequenos Negócios, pág. 75)

Como pudemos observar no decorrer do nosso estudo, a gestão dos custos fixos é motivo de preocupação para os empresários. Em razão disso, precisamos quantificar o impacto deles na rentabilidade.

A ferramenta que vamos utilizar para isso é o Grau de Alavancagem Operacional. O cálculo, apesar de importante, é muito simples e vamos utilizar as variáveis que têm sido estudadas no decorrer do livro.

GAO = Margem de Contribuição ÷
(Margem de Contribuição - Custo Fixo Total)

No caso da Comercial Fita Azul, temos a seguinte situação:

GAO = R$ 400.000,00 ÷ (R$ 400.000,00 - R$ 300.000,00)
GAO = R$ 400.000,00 ÷ R$ 100.000,00
GAO = 4

Podemos interpretar o índice obtido da seguinte forma: para cada 1% de variação nas vendas, mantida a estrutura de custos, a empresa terá 4% de variação no lucro.

Portanto, no caso da Comercial Fita Azul, se o faturamento aumentar 10%, o lucro será de 40%, ou seja, 4 x 10%.

Será que esse número reflete a realidade?

Vamos supor uma expectativa de 20% de variação, para mais ou para menos, nas vendas. Como ficaria a rentabilidade?

Comercial Fita Azul - Grau de Alavancagem Operacional			
	VALOR	(+) 20%	(-) 20%
VENDAS	R$ 1.000.000,00	R$ 1.200.000,00	R$ 800.000,00
(-) CUSTOS VARIÁVEIS (60%)	R$ 600.000,00	R$ 720.000,00	R$ 480.000,00
(=) MARGEM DE CONTRIBUIÇÃO	R$ 400.000,00	R$ 480.000,00	R$ 320.000,00
(-) CUSTOS FIXOS			
Salários	R$ 100.000,00	R$ 100.000,00	R$ 100.000,00
Encargos s/ os salários 80%	R$ 80.000,00	R$ 80.000,00	R$ 80.000,00
Aluguel	R$ 20.000,00	R$ 20.000,00	R$ 20.000,00
Retiradas Pró-labore	R$ 30.000,00	R$ 30.000,00	R$ 30.000,00
Outros custos fixos	R$ 70.000,00	R$ 70.000,00	R$ 70.000,00
TOTAL	R$ 300.000,00	R$ 300.000,00	R$ 300.000,00
LUCRO OPERACIONAL	R$ 100.000,00	R$ 180.000,00	R$ 20.000,00
VARIAÇÃO		(+) 80%	(-) 80%

Como a variação nas vendas foi de 20%, o lucro variou 80%, ou seja, 4 x 20%. Esse fato mostra claramente o impacto do custo fixo na rentabilidade e reforça a importância da adequada gestão desses custos.

Indicadores Financeiros

Além do ponto de equilíbrio e do Grau de Alavancagem Operacional, temos alguns outros indicadores financeiros que medem o desempenho da empresa, e no caso do Plano de Negócio, a análise de viabilidade do projeto.

Esses indicadores são calculados utilizando-se os números apresentados nos relatórios e os transformando em índices para melhor retratar a situação da empresa.

A seguir, vamos apresentar os principais indicadores de viabilidade.

O primeiro passo é organizarmos as informações que serão utilizadas, e para isso, preparamos abaixo um quadro resumo.

Comercial Fita Azul Ltda. - Quadro Resumo				
	MÊS 1	MÊS 2	MÊS 3	MÊS 4
INVESTIMENTO INICIAL				
R$ 350.000,00				
Vendas				
TOTAL	R$ 1.000.000,00	R$ 1.000.000,00	R$ 1.000.000,00	R$ 1.000.000,00
(-) Custos Variáveis (60%)				
TOTAL	R$ 600.000,00	R$ 600.000,00	R$ 600.000,00	R$ 600.000,00
(=) Margem de Contribuição	R$ 400.000,00	R$ 400.000,00	R$ 400.000,00	R$ 400.000,00
(-) Custos Fixos				
TOTAL	R$ 300.000,00	R$ 300.000,00	R$ 300.000,00	R$ 300.000,00
LUCRO OPERACIONAL	R$ 100.000,00	R$ 100.000,00	R$ 100.000,00	R$ 100.000,00

1 – Índice de Rentabilidade

- **Vendas no período – R$ 4.000.000,00**
- **Lucro no período – R$ 400.000,00**

Lucro Operacional ÷ Receita Total x 100
R$ 400.000,00 ÷ R$ 4.000.000,00 x 100
RENTABILIDADE = 10%

A projeção de rentabilidade do negócio é de 10% no período em análise. Para cada R$ 1,00 de venda, a empresa obteve de lucro R$ 0,10.

2 – Retorno do Capital Investido

Indica o retorno sobre o capital que foi investido na empresa.

Lucro Líquido Total ÷ Investimento Total – 1 x 100

R$ 400.000,00 ÷ R$ 350.000,00 - 1 x 100
Retorno do Capital Investido + 14,29%

Significa que os proprietários terão um ganho sobre o valor investido no período de 14,29%.

3 – Período de Retorno do Investimento

Mostra o período de tempo em que os investidores recuperam o investimento.

Investimento Total ÷ Lucro Líquido Total

R$ 350.000,00 ÷ R$ 400.000,00
Tempo de Retorno 0,88
Tempo de Retorno 0,88 x Período do Projeto 4 meses
Tempo de Retorno = 3,5 meses

Comercial Fita Azul Ltda. - Indicadores Financeiros	
Ponto de Equilíbrio	R$ 750.000,00
Grau de Alavancagem Operacional	4
Índice de Rentabilidade	10%
Retorno do Capital Investido	14,29%
Período de Retorno do Investimento	3,5 meses

- O **Ponto de Equilíbrio** é de R$ 750.000,00 – O faturamento previsto é de R$ 1.000.000,00, porém, se houver uma queda nas vendas até o valor apurado no Ponto de Equilíbrio, a empresa não incorrerá em prejuízo.

- **Grau de Alavancagem Operacional** - Havendo uma variação nas vendas, mantida a estrutura de custos, haverá uma variação no lucro quatro vezes maior.
- **Lucratividade** - A empresa apresenta uma lucratividade de 10% em relação às vendas previstas.
- **Retorno do Capital Investido** - A taxa de retorno sobre o capital investido no projeto será de 14,29%.
- **Período de Retorno do Investimento** - O período de retorno do capital investido será de aproximadamente três meses e meio.

Depois de ser feito um estudo nos indicadores financeiros da Comercial Fita Azul Ltda, chegamos à conclusão que o empreendimento é viável.

Vale lembrar que, a partir da implementação do projeto, é necessário um monitoramento constante de todas as variáveis envolvidas e, sempre que necessário, corrigir eventuais desvios.

Capítulo 4

IMPLANTAÇÃO DO PLANO DE NEGÓCIO

Estudo de Caso

Clínica Estética Multilaser

As amigas Flávia e Helena, depois de muitos anos trabalhando como funcionárias de uma grande empresa privada, juntaram suas economias mais as indenizações recebidas quando saíram da empresa e decidiram abrir seu próprio negócio.

Depois de muitas pesquisas sobre as atividades mais promissoras do mercado, optaram pela abertura de uma clínica estética.

O nome escolhido para o novo empreendimento foi Clínica Estética Multilaser.

A empresa será constituída em um bairro da zona oeste de São Paulo, onde as duas residem por mais de 20 anos.

Para iniciar as atividades, contaram com a ajuda de um experiente consultor, que teve como atribuição montar o Plano de Negócio da Empresa.

Para estruturar o Plano de Negócio, foi estabelecido um cronograma de atividades que detalharemos a seguir.

Como já foi visto, o pressuposto para o início do planejamento é estabelecer com exatidão o que a empresa vai oferecer ao mercado, de que forma isso será feito e aonde ela pretende chegar, ou seja, é necessário definir a missão e a visão de futuro da empresa.

Ficou determinado que a Clínica Estética Multilaser terá como missão:

Clínica Estética Multilaser - Missão
"Oferecer tratamentos estéticos de boa qualidade, realizados por profissionais qualificados, por meio de equipamentos de alta tecnologia, a preços acessíveis."

Com relação à visão de futuro, foi estabelecido o seguinte texto:

Clínica Estética Multilaser – Visão de Futuro ***"Ser reconhecida pela alta qualidade dos serviços prestados com atendimento personalizado e de excelência."***

Tendo estabelecido os pilares que vão nortear o empreendimento, podemos passar para as outras ações.

O primeiro passo é fazer um estudo do mercado de atuação e, para isso, precisamos definir os novos parceiros de negócios.

Consumidores

O público-alvo será composto, primeiro, pelos funcionários das diversas empresas de vários segmentos que atuam na região (supermercados, *shopping*, bancos e demais atividades comerciais), visto que nas imediações não existe nenhum estabelecimento similar ao nosso.

Para atrair esse público, contamos com alguns diferenciais competitivos:

- Facilidade de acesso;
- Preços competitivos;
- Ambiente agradável, com decoração moderna e limpeza impecável;
- Estacionamento próprio.

Concorrentes

Com relação ao mercado concorrente, o estudo mostrou que na região temos dois estabelecimentos que oferecem serviços de estética, porém, nenhum deles é do mesmo porte e tem o nível de especialização da Multilaser.

Existem também inúmeros salões de beleza que oferecem alguns serviços similares aos nossos.

Fornecedores

A escolha dos fornecedores obedecerá a alguns critérios predefinidos:

- Qualidade dos insumos oferecidos;
- Pontualidade no atendimento;
- Capacidade de fornecimento;
- Preço praticado.

Foi feito também um estudo para a escolha do ponto comercial.

Como nosso negócio depende muito de visualização física, vamos escolher um local onde um grande número de pessoas circulem nas imediações.

Nossa prioridade pela busca do imóvel será em local com concentração de lojas, bancos e outros estabelecimentos varejistas.

Nossa clínica deverá estar em uma rua ou avenida de grande visibilidade na região.

Vamos agora fazer uma análise para identificar nossas virtudes e vulnerabilidades.

Análise SWOT (Forças – Fraquezas – Oportunidades – Ameaças)

CLÍNICA ESTÉTICA MULTILASER - ANÁLISE SWOT		
FORÇAS		FRAQUEZAS
• Ter preço competitivo; • Facilidade de acesso; • Atendimento personalizado; • Estacionamento próprio.		• Pouca experiência administrativa; • Falta de conhecimento do mercado de atuação; • Pouco conhecimento do segmento escolhido.
OPORTUNIDADES		AMEAÇAS
• Demanda crescente; • Grande número de pessoas preocupadas com a estética e a beleza; • Mercado promissor.		• Entrada de novos concorrentes; • Valores dos serviços oferecidos não serem acessíveis a todos os públicos; • Possibilidade de mudanças na conjuntura econômica e nos planos governamentais.

Detectados os pontos fortes e fracos, precisamos estabelecer algumas ações para minimizar ou eliminar as vulnerabilidades.

Providências para eliminar ou reduzir pontos negativos

- Contratação de um gerente com experiência na área administrativa e financeira para dar suporte às diretoras da empresa.
- *Benchmarking* – visitar empreendimentos similares com a finalidade de aprimorar os procedimentos e reduzir deficiências causadas pela falta de experiência.
- As proprietárias foram aconselhadas a fazer um curso ou treinamento na área de estética para entender melhor o funcionamento do negócio.
- Com relação aos custos dos serviços, para minimizar seus impactos, deverão ser contratadas operadoras de cartões de crédito a fim de que o preço dos serviços, se necessário, possam ser parcelados.

Obs.: ***Benchmarking*** - processo de avaliação da empresa em relação à concorrência, por meio do qual incorpora os melhores desempenhos de outras firmas e/ou aperfeiçoa os seus próprios métodos.

Tomadas todas as providências, chegou o momento de analisar os números do negócio.

Análise de Viabilidade Financeira

Para essa análise, é necessário estimar todos os custos e receitas envolvidos na criação da empresa.

Investimento Inicial

A primeira providência dentro do planejamento financeiro do negócio, como já foi visto, é dimensionar os gastos pré-operacionais, aquelas despesas que a empresa incorre antes de iniciar suas atividades.

Flávia e Helena, depois de concluídos os estudos, conseguiram dimensionar o valor do investimento inicial, conforme planilha a seguir.

PLANO DE INVESTIMENTO INICIAL	
INVESTIMENTOS	**REALIZADO**
Gastos com regularização da empresa	
Elaboração de Contrato Social	R$ 1.500,00
Escritório Contábil (Abertura da empresa)	R$ 1.200,00
Outros gastos c/ documentação	R$ 480,00
Total	**R$ 3.180,00**
Gastos com adequação do espaço	
Reformas	R$ 94.600,00
Compra de mobiliário	R$ 9.545,00
Computadores e periféricos	R$ 5.350,00
Equipamentos de segurança	R$ 1.300,00
Vitrine digital	R$ 15.000,00
Instalação de internet/telefonia	R$ 4.240,00
Serviços de arquitetura e adequação de *layout*	R$ 3.750,00
Total	**R$ 133.785,00**
Gastos com aquisição de equipamentos	
Compra de aparelhos para depilação, para	
tratamento facial e corporal	
Total	**R$ 223.640,00**
Gastos com *Marketing*	
Criação de logotipos/cartões/catálogos de produtos	
Plano de publicidade	
Desenvolvimento de *site*	
Total	**R$ 42.490,00**
Formação de Estoque e Capital de Giro	
Total	**R$ 80.000,00**
Despesa com Pessoal	
Funcionários/encargos/benefícios	R$ 14.560,00
Uniformes	R$ 890,00
Treinamento	R$ 1.650,00
Total	**R$ 17.100,00**
Total do investimento inicial	**R$ 500.195,00**

Os investimentos iniciais serão custeados pelas proprietárias por meio de recursos próprios provenientes de suas poupanças pessoais.

Receitas Previstas

As receitas serão provenientes da prestação de serviços, que serão os seguintes:

- Depilação
- Tratamento Facial
- Tratamento Corporal

O estudo realizado em outras clínicas que atuam em São Paulo e outras capitais do Brasil, trabalhando com produtos similares, mostraram que com relação ao faturamento mensal, as receitas têm apresentado a seguinte composição:

Depilação – Representa 75% do faturamento mensal;
Tratamento Facial – Representa 15% do faturamento mensal;
Tratamento Corporal – Representa 15% do faturamento mensal.

A projeção está sendo fei ta para os dois primeiros anos da implantação da Clínica e projeta um **faturamento mensal** de:

Clínica Estética Multilaser	
Vendas previstas - 2 primeiros anos	
Semestre 1	R$ 90.000,00
Semestre 2	R$ 100.000,00
Semestre 3	R$ 130.000,00
Semestre 4	R$ 150.000,00

Despesas Previstas

Folha de Pagamento

Na folha de pagamento, todos os funcionários serão devidamente registrados em suas funções e receberão seus salários e comissões, de acordo com o estabelecido a seguir:

CLÍNICA ESTÉTICA MULTILASER - FOLHA DE PAGAMENTO	
SALÁRIOS + ENCARGOS + BENEFÍCIOS	
CARGOS	
Recepcionista	R$ 2.550,00
Limpeza	R$ 2.350,00
Esteticista I	R$ 2.700,00
Esteticista II	R$ 3.000,00
Avaliadora	R$ 3.050,00
Biomédica I	R$ 4.200,00
Biomédica II (meio período)	R$ 1.650,00
Gerente	R$ 3.650,00
TOTAL	R$ 23.150,00

Além dos salários e benefícios, para um maior comprometimento e dedicação, todos receberão, a título de bônus, um percentual do faturamento mensal que foi determinado da seguinte forma:

Gerente – 3% do faturamento mensal;
Demais funcionários – 1% do faturamento mensal.

Obs.: A partir do segundo ano, a folha de pagamento terá um reajuste previsto de 5%.

Impostos

Os impostos representarão 11% do faturamento.

Fundo de *Marketing* – A empresa destinará 2% do faturamento mensal para investir em planos de publicidade.

Taxa de cartão de crédito – Para facilitar o pagamento dos clientes, a empresa receberá, de acordo com as pesquisas, 70% por meio de cartões de crédito, e a despesa mensal estimada é de 2% do valor utilizado.

Outras Despesas

Além das despesas informadas, a empresa tem ainda uma série de outros desembolsos listados a seguir.

CLÍNICA ESTÉTICA MULTILASER – OUTRAS DESPESAS MENSAIS	
DESPESA	
Retirada pró-labore	R$ 16.000,00
Concessionárias: água/luz/internet/telefonia	R$ 3.000,00
Aluguel	R$ 6.000,00
Manutenção do sistema de gestão	R$ 1.500,00
Despesas administrativas - limpeza/copa/outros	R$ 1.500,00
Insumos - média mensal	R$ 3.000,00
Outros custos fixos	R$ 4.000,00
Depreciação - Equipamentos R$ 223.640,00 -	
Vida útil estimada 10 anos - 120 meses	R$ 1.863,67
TOTAL	**R$ 36.863,67**

Retirada Pró-labore – Com relação à retirada das sócias, ficou acertado que a partir do segundo ano esse valor de R$ 16.000,00 será alterado para R$ 20.000,00.

Aluguel – A partir do segundo ano, o aluguel terá um reajuste de 6%.

De posse de todas as informações financeiras coletadas, chegou o momento de ser feita uma análise desses números, o que vai indicar a viabilidade ou não do projeto.

Vamos iniciar fazendo um demonstrativo gerencial de resultado a fim de apurar se a atividade vai gerar lucro, e ainda entender a composição dos custos. **As vendas mensais, por serem homogêneas, estão agrupadas por semestre.**

CLÍNICA ESTÉTICA MULTILASER - DRE – RESULTADO MENSAL POR SEMESTRE				
	Sem. 1	Sem. 2	Sem. 3	Sem. 4
VENDAS				
Depilação	R$ 63.000,00	R$ 70.000,00	R$ 91.000,00	R$ 105.000,00
Tratamento Facial	R$ 13.500,00	R$ 15.000,00	R$ 19.500,00	R$ 22.500,00
Tratamento Corporal	R$ 13.500,00	R$ 15.000,00	R$ 19.500,00	R$ 22.500,00
TOTAL	R$ 90.000,00	R$ 100.000,00	R$ 130.000,00	R$ 150.000,00
(-) IMPOSTOS 11%	R$ 9.900,00	R$ 11.000,00	R$ 14.300,00	R$ 16.500,00
(-) CUSTOS VARIÁVEIS				
Comissões dos funcionários (1%)	R$ 900,00	R$ 1.000,00	R$ 1.300,00	R$ 1.500,00
Comissões da gerência (3%)	R$ 2.700,00	R$ 3.000,00	R$ 3.900,00	R$ 4.500,00
Total de comissões	**R$ 3.600,00**	**R$ 4.000,00**	**R$ 5.200,00**	**R$ 6.000,00**
Fundo de *Marketing* 2%	R$ 1.800,00	R$ 2.000,00	R$ 2.600,00	R$ 3.000,00
Taxa de Cartão de crédito				
2% sobre 70% das vendas	R$ 1.260,00	R$ 1.400,00	R$ 1.820,00	R$ 2.100,00
TOTAL	R$ 6.660,00	R$ 7.400,00	R$ 9.620,00	R$ 11.100,00
(=) MARGEM DE CONTRIBUIÇÃO	R$ 73.440,00	R$ 81.600,00	R$ 106.080,00	R$ 122.400,00
(-) CUSTOS FIXOS				
Salários	R$ 23.150,00	R$ 23.150,00	R$ 24.307,50	R$ 24.307,50
Aluguel	R$ 6.000,00	R$ 6.000,00	R$ 6.360,00	R$ 6.360,00
Água, luz, fone, internet, telefonia	R$ 3.000,00	R$ 3.000,00	R$ 3.000,00	R$ 3.000,00
Retirada Pró-labore	R$ 16.000,00	R$ 16.000,00	R$ 20.000,00	R$ 20.000,00
Manutenção do sistema de gestão	R$ 1.500,00	R$ 1.500,00	R$ 1.500,00	R$ 1.500,00
Limpeza/copa/mat. escrit. etc.	R$ 1.500,00	R$ 1.500,00	R$ 1.500,00	R$ 1.500,00
Insumos média mensal	R$ 3.000,00	R$ 3.000,00	R$ 3.000,00	R$ 3.000,00
Depreciação	R$ 1.863,67	R$ 1.863,67	R$ 1.863,67	R$ 1.863,67
Outras despesas fixas	R$ 4.000,00	R$ 4.000,00	R$ 4.000,00	R$ 4.000,00
TOTAL	R$ 60.013,67	R$ 60.013,67	R$ 65.531,17	R$ 65.531,17
RESULTADO OPERACIONAL	R$ 13.426,33	R$ 21.586,33	R$ 40.548,83	R$ 56.868,83

Já vimos que a projeção dos números mostra que o futuro da empresa é promissor, apresentando lucro em todos os períodos. E também já sabemos como se comportam os custos que variam de acordo com a venda dos serviços. E os outros custos que permanecem inalterados, independentemente dessas variações, são os chamados custos variáveis e fixos.

Tendo um relatório gerencial com informações estruturadas, podemos iniciar a análise financeira do negócio. Vamos iniciar com uma ferramenta extremamente importante, que é o Ponto de Equilíbrio. Recordando, todas as ferramentas que serão utilizadas já foram examinadas detalhadamente no capítulo *Plano Financeiro*. Para facilitar a coleta das informações, abaixo colocamos o Quadro Resumo do Demonstrativo Gerencial de Resultado.

Clínica Estética Multilaser - DRE - Quadro Resumo				
Investimento Inicial R$ 500.195,00	SEM. 1	SEM. 2	SEM. 3	SEM. 4
VENDAS MENSAIS P/ SEMESTRE	R$ 90.000,00	R$ 100.000,00	R$ 130.000,00	R$ 150.000,00
CUSTOS VARIÁVEIS (18,4%)	R$ 16.560,00	R$ 18.400,00	R$ 23.920,00	R$ 27.600,00
Impostos (+) Desp. Variáveis				
MARGEM DE CONTRIBUIÇÃO	R$ 73.440,00	R$ 81.600,00	R$ 106.080,00	R$ 122.400,00
CUSTOS FIXOS	R$ 60.013,67	R$ 60.013,67	R$ 65.531,17	R$ 65.531,17
Lucro Operacional	R$ 13.426,33	R$ 21.586,33	R$ 40.548,83	R$ 56.868,83

1 - Ponto de Equilíbrio das Operações

Custos Fixos ÷ (Margem de Contribuição ÷ Vendas)

Semestre 1 – Ponto de Equilíbrio Mensal
R$ 60.013,67 ÷ (R$ 73.440,00 ÷ R$ 90.000,00)
R$ 60.013,67 ÷ R$ 0,816
PE = R$ 73.546,16

Semestre 2 – Ponto de Equilíbrio Mensal
R$ 60.013,67 ÷ (R$ 81.600,00 ÷ R$ 100.000,00)
R$ 60.013,67 ÷ R$ 0,816
PE = R$ 73.546,16

Semestre 3 – Ponto de Equilíbrio Mensal
R$ 65.531,17 ÷ (R$ 106.080.00 ÷ R$ 130.000,00)
R$ 65.531,17 ÷ R$ 0,816
PE = R$ 80.307,80

Semestre 4 – Ponto de Equilíbrio Mensal
R$ 65.531,17 ÷ (R$ 122.400,00 ÷ R$ 150.000,00)
R$ 65.531,17 ÷ R$ 0,816
PE = R$ 80.307,80

Será que os cálculos refletem a realidade? Vamos conferir!!!

CLÍNICA ESTÉTICA MULTILASER - DRE no Ponto de Equilíbrio		
	SEM. 1/2	SEM. 3/4
VENDAS MENSAIS	R$ 73.546,16	R$ 80.307,80
CUSTOS VARIÁVEIS 18,4%	R$ 13.532,49	R$ 14.776,63
Impostos (+) Desp. Variáveis		
MARGEM DE CONTRIBUIÇÃO	R$ 60.013,67	R$ 65.531,16
CUSTOS FIXOS	R$ 60.013,67	R$ 65.531,16
Lucro Operacional	ZERO	ZERO

Conseguimos uma informação importante. O comportamento das vendas mensais no primeiro ano é: primeiro semestre, R$ 90.000,00, e segundo semestre, R$ 100.000,00. Porém, agora sabemos que vendas abaixo de R$ 73.546,16 farão com que a empresa incorra em prejuízo. No segundo ano, o raciocínio é o mesmo, não poderemos ter vendas mensais abaixo de R$ 80.307,80. Essa ferramenta é utilizada para o planejamento e monitoramento das vendas.

Precisamos apenas entender que cada vez que mudamos a estrutura dos custos, precisamos fazer novo cálculo, como foi o caso do segundo ano.

2 - Grau de Alavancagem Operacional

Vamos relembrar. O Grau de Alavancagem Operacional mede o impacto dos custos na rentabilidade da empresa. No caso da Clínica Estética Multilaser, teremos:

GAO = Margem de Contribuição ÷ (Margem de Contribuição - Custos Fixos)

Primeiro ano (semestres 1 e 2)
R$ 73.440,00 ÷ (R$ 73.440,00 - R$ 60.013,67)
R$ 73.440,00 ÷ R$ 13.426,33
GAO = 5,47

Isso significa que com uma variação de 1% nas vendas da empresa, teremos uma variação de 5,47% nos lucros.

Segundo ano (semestres 3 e 4)

Com a mudança na estrutura de custos fixos no segundo ano, faz-se necessário um novo cálculo do Grau de Alavancagem Operacional.

R$ 106.080,00 ÷ (R$ 106.080,00 - R$ 65.531,17)
R$ 106.080,00 ÷ R$ 40.548,83
GAO = 2,616

Vamos visualizar no quadro abaixo:

CLÍNICA ESTÉTICA MULTILASER - Grau de Alavancagem Operacional				
		Aumento		Aumento
Variação nas Vendas		11,11%		15,385%
VENDAS	R$ 90.000,00	R$ 100.000,00	R$ 130.000,00	R$ 150.000,00
CUSTOS VARIÁVEIS 18,4%	R$ 16.560,00	R$ 18.400,00	R$ 23.920,00	R$ 27.600,00
Impostos (+) Desp. Variáveis				
MARGEM DE CONTRIBUIÇÃO	R$ 73.440,00	R$ 81.600,00	R$ 106.080,00	R$ 122.400,00
CUSTOS FIXOS	R$ 60.013,00	R$ 60.013,00	R$ 65.531,17	R$ 65.531,17
Lucro Operacional	R$ 13.426,33	R$ 21.586,33	R$ 40.548,83	R$ 56.868,83
Variação no Lucro		60,77%		40,25%

Conforme podemos observar no quadro, no primeiro ano, o aumento de vendas foi de 11,11%, de R$ 90.000,00 para R$ 100.000,00. Isso ocasionou um aumento no lucro de 60,77%. 11,11 x 5,47% = 60,77.

Para cada 1% de aumento nas vendas, a empresa obteve 5,47% de aumento nos lucros

Já no segundo ano, primeiro trimestre, tivemos uma alteração na estrutura de custos fixos. Isso fez com que a empresa tivesse um novo GAO de 2,616. Em função disso, quando as vendas aumentaram no segundo semestre, de R$ 130.000,00 para R$ 150.000,00, 15,385%, o aumento no lucro foi de 40,25%. 15,385 x 2.616.

Medir o impacto do custo fixo na rentabilidade do negócio é fator preponderante para uma boa gestão financeira. Qualquer variação nas vendas vai proporcionar uma variação no lucro mais que proporcional.

A falta de acompanhamento desses indicadores pode fazer com que todo o planejamento fique prejudicado.

3 - Índice de Rentabilidade

O objetivo é medir a rentabilidade proporcionada pelo projeto no período da análise.

Lucro Operacional Total ÷ Receita Total x 100

CLÍNICA ESTÉTICA MULTILASER - RECEITA TOTAL	
RECEITA	SEM. 1
R$ 90.000,00 X 6	R$ 540.000,00
	SEM. 2
R$ 100.000,00 x 6	R$ 600.000,00
	SEM. 3
R$ 130.000,00 x 6	R$ 780.000,00
	SEM. 4
R$ 150.000,00 x 6	R$ 900.000,00
Receita Total	R$ 2.820.000,00

CLÍNICA ESTÉTICA MULTILASER - LUCRO TOTAL	
LUCRO	SEM. 1
R$ 13.426,33 x 6	R$ 80.557,98
	SEM. 2
R$ 21.586,13 x 6	R$ 129.516,78
	SEM. 3
R$ 40.548,83 x 6	R$ 243.292,98
	SEM. 4
R$ 56.868,83 x 6	R$ 341.212,98
Receita Total	R$ 794.580,72

R$ 794.580,72 ÷ R$ 2.820.000,00 x 100
Lucratividade no período = 28,1766%

De acordo com as projeções, teremos uma rentabilidade no projeto estimada em 28,1766%, no período em análise. É importante ressaltar que todo planejamento financeiro trata de perspectivas futuras e estará sempre sujeito a variações. Por isso a importância do constante monitoramento dos números a fim de que sejam corrigidas eventuais distorções.

4 - Retorno do Capital Investido

Mostra o retorno que os proprietários terão com relação ao capital investido.

Lucro Líquido Total ÷ Investimento Total - 1 x 100

R$ 794.580,72 ÷ R$ 500.195,00 - 1 x 100 **Retorno sobre o capital investido = 58,854%**

Sobre o capital de R$ 500.195,00, que os proprietários injetaram na empresa, haverá um ganho de 58,854% no final do período de dois anos. Para saber se este é um número satisfatório, precisa ser comparado com as opções de rentabilidade do mercado financeiro.

5 - Período de Retorno do Investimento

Mostra o tempo necessário para os proprietários recuperarem o capital investido.

Investimento Total ÷ Lucro Líquido Total x Período de Tempo do Projeto

R$ 500.195,00 ÷ R$ 794.580,72 **Tempo de Retorno 0,63** **Tempo de Retorno 0,63 x Período do Projeto 24 meses** **Tempo de Retorno = 15 meses**

De acordo com os números projetados, os proprietários demorarão para recuperar seu investimento, aproximadamente, 15 meses.

A seguir, preparamos um quadro com todos os índices da Viabilidade Financeira do Projeto.

Clínica Estética Multilaser - Indicadores Financeiros	
Ponto de Equilíbrio Mensal - ano 1	R$ 73.546,16
Ponto de Equilíbrio Mensal - ano 2	R$ 86.307,80
Grau de Alavancagem Operacional - ano 1	5,47
Grau de Alavancagem Operacional - ano 2	2,616
Índice de Rentabilidade	28%
Retorno do Capital Investido	58,85%
Período de Retorno do Investimento	15 meses

- O **Ponto de Equilíbrio** é de R$ 73.546,16 mensais no primeiro ano e R$ 86.307,80 mensais no segundo ano. Se houver uma queda nas vendas, até o valor apurado no Ponto de Equilíbrio, a empresa não incorrerá em prejuízo.
- **Grau de Alavancagem Operacional** – Havendo uma variação nas vendas, mantida a estrutura de custos, haverá uma variação no lucro de 5,47% no primeiro ano e 2,616% no segundo ano.
- **Lucratividade** – A empresa apresenta uma lucratividade de 28% em relação às vendas previstas.
- **Período de Retorno do Investimento** – Será de aproximadamente 15 meses, tempo em que os proprietários recuperarão o capital investido.
- **Taxa de Retorno** – A taxa de retorno vai ser de 58,85% no período do projeto de 24 meses.

CONCLUSÃO

Pelos números apresentados, a implantação da Clínica Estética Multilaser vai ser um projeto viável e promissor.

Evidentemente, os números apresentados são provenientes de projeções que, por vários motivos, podem não se concretizar no todo ou em parte.

Portanto, o monitoramento não só dos números, mas de toda a atividade, deve ser constante. Quaisquer desvios dos objetivos propostos precisam ser imediatamente percebidos e, se possível, corrigidos.

Lembramos que toda atividade empresarial traz consigo uma parcela de risco. Podemos definir risco como a probabilidade de uma ação ser diferente do esperado.

Entretanto, não podemos confundir risco com incerteza.

Enquanto o risco empresarial ocorre quando o gestor toma uma decisão fundamentada em informações objetivas e confiáveis, a incerteza acontece quando não há disponibilidade de informações aceitáveis. Portanto, a decisão é tomada de forma subjetiva, e quando isso acontece, a probabilidade de não acontecer o previsto é muito grande.

Com relação à Clínica Estética Multilaser, após a análise de todas as informações coletadas, sem dúvida, as empresárias Flávia e Helena terão muito mais segurança e probabilidades de sucesso no seu empreendimento, sendo esta a finalidade primordial da elaboração de um Plano de Negócio.

Na ânsia de realizar um sonho, muita gente abre um negócio sem a devida cautela, embalada pela fantasia de que apenas sua vontade será suficiente para garantir o sucesso do empreendimento.

Muitas vezes, as perdas materiais são menores do que a frustração do fracasso e da decepção consigo mesmo. A culpa pode ser apenas imprudência, já que a falta de planejamento é uma causa relevante, senão a mais importante, na grande mortalidade apresentada pelos pequenos negócios.

BIBLIOGRAFIA

CHIAVENATO, Idalberto. *Vamos Abrir um Negócio?*. São Paulo: Ed. Makron Books, 1995.

CHIAVENATO, Idalberto; **SAPIRO**, Arão. *Planejamento Estratégico*. São Paulo: Ed. Campus, 1995.

CORONADO, Osmar. *Plano de Negócio*. São Paulo: Dialógica Editora, 2016.

LAS CASAS, Alexandre Luzzi. *Marketing de Varejo*. 5.ª Edição. São Paulo: Ed. Atlas, 2013.

LAS CASAS, Alexandre Luzzi. *Plano de Marketing para Micro e Pequena Empresa*. 2.ª Edição. São Paulo: Ed. Atlas, 2001.

MACHADO, José Roberto. *Gestão Financeira em Pequenas e Médias Empresas*. Rio de Janeiro: Ed. QualityMark, 2021.

MACHADO, José Roberto. *A Arte de Administrar Pequenos Negócios*. 3.ª Edição. Rio de Janeiro: Ed. QualityMark, 2010.

MACHADO, José Roberto. *Administração de Finanças Empresariais*. 3.ª Edição. Rio de Janeiro: Ed. QualityMark, 2010.

MACHADO, José Roberto. *Planejando a Estratégia de Pequenos Negócios*. Rio de Janeiro: Ed. QualityMark, 2006.

MIRANDA, Roberto Lira. *Qualidade Total*. 2.ª Edição. São Paulo: Ed. Makron Books, 1995.

SEBRAE. *Manual: Como Elaborar um Plano de Negócios*. Brasília, 2013.

Entre em sintonia com o Mundo

Qualitymark Editora Ltda.

Rua Carlos Machado, 155 – sala 207
Polo Cine e Vídeo – Jacarepaguá
22775-042 – Rio de Janeiro – RJ
Tels.: (21) 3597-9055 / 3597-9056
Vendas: (21) 3296-7649

E-mail: quality@qualitymark.com.br
www.qualitymark.com.br

Dados Técnicos:

• Formato:	14 x 21 cm
• Mancha:	11 x 18 cm
• Fontes:	Bookman Old Style
• Corpo:	11
• Entrelinha:	13
• Total de Páginas:	68
• 1ª Edição:	2022

BIBLIOGRAFIA

CHIAVENATO, Idalberto. *Vamos Abrir um Negócio?*. São Paulo: Ed. Makron Books, 1995.

CHIAVENATO, Idalberto; **SAPIRO**, Arão. *Planejamento Estratégico*. São Paulo: Ed. Campus, 1995.

CORONADO, Osmar. *Plano de Negócio*. São Paulo: Dialógica Editora, 2016.

LAS CASAS, Alexandre Luzzi. *Marketing de Varejo*. 5.ª Edição. São Paulo: Ed. Atlas, 2013.

LAS CASAS, Alexandre Luzzi. *Plano de Marketing para Micro e Pequena Empresa*. 2.ª Edição. São Paulo: Ed. Atlas, 2001.

MACHADO, José Roberto. *Gestão Financeira em Pequenas e Médias Empresas*. Rio de Janeiro: Ed. QualityMark, 2021.

MACHADO, José Roberto. *A Arte de Administrar Pequenos Negócios*. 3.ª Edição. Rio de Janeiro: Ed. QualityMark, 2010.

MACHADO, José Roberto. *Administração de Finanças Empresariais*. 3.ª Edição. Rio de Janeiro: Ed. QualityMark, 2010.

MACHADO, José Roberto. *Planejando a Estratégia de Pequenos Negócios*. Rio de Janeiro: Ed. QualityMark, 2006.

MIRANDA, Roberto Lira. *Qualidade Total*. 2.ª Edição. São Paulo: Ed. Makron Books, 1995.

SEBRAE. *Manual: Como Elaborar um Plano de Negócios*. Brasília, 2013.

Dados Técnicos:

• Formato:	14 x 21 cm
• Mancha:	11 x 18 cm
• Fontes:	Bookman Old Style
• Corpo:	11
• Entrelinha:	13
• Total de Páginas:	68
• 1ª Edição:	2022